Gabriela

Gabriela

Norge Sánchez

Editorial Primigenios

Gabriela
Segunda edición, Miami, 2020
Primera edición, Caracas, 2012
© De los textos: Norge Sánchez
© De la nota de introducción: Carlos Esquivel
© De la caricatura: NTOMS
© De la presente edición: Editorial Primigenios
© Del diseño: Eduardo René Casanova Ealo
ISBN: 9798694417556
Edita: Editorial Primigenios
Miami, Florida.
Email: editorialprimigenios@yahoo.com
https://editorialprimigenios.com

Edición y maquetación: Eduardo René Casanova Ealo

Una intimidad difícil de clasificar

Un libro de una intimidad difícil de clasificar. Bordea, rompe, supera cualquier frontera, cualquier murmullo de género. Quizá uno pueda estar más seguro de que sus coordenadas se desplazan hacia un itinerario de apetencias y riesgos formales. No es tampoco lo más significativo. Lo más importante es su atmósfera y el flujo de armonía que envuelve a los textos. Y las historias, contadas, poetizadas a través de máscaras. Los tejidos que gobiernan este libro son áureos. De otro modo no sería posible unir, contrastar disímiles poéticas, rabias, ternuras, humor, los ámbitos de una dimensión tangible, sobre todo en la lectura a ras de palabra. Más allá, en los ecos trasvertidos por una poesía que busca filiaciones universales, está la expresión de un autor que inventa para su contemporaneidad, y tal vez un poco más lejos, los cursos mágicos de un estilo y de una personalidad literaria también fantástica.

Carlos Esquivel Guerra

Las estrellas no temen parecer

gusanitos de luz.

Rabindranath Tagore

Las perlas

Cuando llegas con el pelo salpicado por el aguacero, los pies descalzos y un zapato en cada mano Gabriela, salto hacia ti como un cazador furtivo dispuesto a libar en tu mejilla la humedad de la tarde y contar, disfrazadas de gotas de lluvia, esas perlas que le cuelgan a tu pelo y tus pestañas, mientras tu madre con las manos en la cabeza, te pide que no sigas llenando el piso de algas y corales.

Lagunas

Dos lagunas gemelas. Cada una repleta de peces, caracoles y leyendas. Veo un güije colgado de los juncos que te mira burlón. Dos lagunas son tus lágrimas. Deja que se pierdan para siempre en mi pañuelo y pueda por fin, esta preciosa enfermera, ponerte la vacuna.

El sudor

El sudor es un trozo de mar que rueda por tu cara. Señala en tu mejilla un territorio de salinas. No sé por qué tantos trabajadores se afanan en las costas del mundo en la captura de millones de toneladas del precioso cristal, cuando pudieran esperar a que baje la marea de tu sofocación y tomar ese grano que baja, Gabriela, delante de tu oreja.

El Sol

El Sol tiene que irse a alumbrar a otros países. Millones de niños lo esperan para despertarse e ir a sus escuelas. Los campesinos, en otros continentes, lo esperan para que los ayude a hacer crecer sus sembrados. Muchas madres necesitan poner a calentar a sus cachorros y otros muchos seres quisieran calentarse con la caricia de esa enorme hoguera que se pasea por el cielo. Pero a mí me parece que esta tarde, en que te has sentado a mirar cómo se pierde en el horizonte el enorme plato amarillo, ha puesto sus pasos cada vez más cortos, como si quisiera demorar unos segundos antes de despedirse.

Fiebre

Marca fiebre tu termómetro de cartulina. A pesar del pelo rubio y la blusa recién cosida por la abuela, no me parece su semblante tan alegre como siempre. Te escucho hablándole afanosamente para que se porte bien. Un día serás doctora, le dices, y saldrás por el mundo a curar a los niños que, verdaderamente enfermos no tienen, como nosotros, quien cuide de ellos. O serás maestra para enseñar las vocales y los números. Pero aún con ese afán no has logrado Gabriela, que tu muñeca, abra la boca para tomar su medicina.

Los obreros

Tan cantada por Neruda, Machu Picchu no es obra de los dioses. Fue Homero quien sopló latidos en el corazón de Troya, acarreadas las piedras por sus hijos. Kafka construyó la Muralla China y Guillermo Vidal a la ciudad de Las Tunas. El Kremlin con sus siniestras interioridades fue obra de los hombres; los humildes de la tierra entregando su esfuerzo para hacer avanzar la vida. Es por eso que en la tarde, cuando el sol termina entregándonos ese último derroche de colores, el mundo entero debería hacer silencio para que los obreros descansen, y en la mañana de cada país, ha de salir la gente con los puños en alto, para agradecer una vez más la existencia.

Imágenes

Tagore escribe una canción para que su pueblo tenga himno. Bolívar se juramenta en Monte Sacro. Martí recita a sus hijos los Versos Sencillos. Frank País camina por Santiago de Cuba. Unos cubanos regresan de Angola y otros se van desde algún puerto. Eliam llega a la patria. Como un arroyo veo en tu frente Gabriela, brotar las imágenes.

La semilla

Después te lavarás las manos Gabriela. Ahora quiero que hundas tus dedos en la tierra, coloques el grano y lo cubras. No deben preocuparte tus manos. Volverán a estar limpias. Ahora siente el calor con que nuestra madre tierra acaricia tus dedos, agradecida.

Arco iris

Son gotas de agua que al flotar delante de los rayos del sol nos parece pintura derramada. Tus ojos hacen todos esos dibujos en la altura y el viento mueve las nubes como algodón. Es un milagro la luz para darle atractivo al cielo. Un pintor ha dejado correr su pincel en semicírculo y esos chorros de pintura, se iluminan con tus ojos, Gabriela.

Novel bailarina

No es para que seas una famosa bailarina debutando en un enorme teatro. Ni te llamen a hacer una película y digan tu nombre en los noticieros. Aprenderás a bailar Gabriela, disfrutaras las cosas buenas de la vida, serás feliz junto a la gente que quiere te des al universo, con los suaves movimientos de tu cuerpo ondulante para que llueva, y florezcas.

El príncipe

Un príncipe dispuesto a escalar la torre más alta del castillo, luchar contra el dragón, vencer a la malvada bruja y enlazar tu talle para conducirte al jardín de la felicidad. Un delfín capaz de conmover a los sinsontes con su flauta. Un príncipe. Sí, Gabriela, un príncipe, pero ahora termina la tarea que te dejó la maestra.

El mundo

La divina extensión de los océanos. Las cumbres con todo su misterio, los ríos, las ciudades. La vida que palpita a cada paso en todo su esplendor. El hombre en su afán por dominar sus fuerzas. Todo es bello Gabriela, pero tenemos la obligación de mejorarlo. Ven, vamos a regar las flores.

La flor

En el seno de esa catedral de ternura está la vida. Un día será fruta sabrosa, para que la muerdas y junto al gozo de reunir en tu boca la maravilla de los trópicos, quedarán en tus manos las semillas, de donde brotarán los nuevos árboles. Ahora sus tintes, esos polvos dispersos en las patas de los insectos que la visitan, y los olores que la convierten en la novia anhelada por todos en el campo; no son más que una migaja de ese enorme milagro que es el universo; pero un día, Gabriela, desde ese cuenco, que tan perfectamente oculta su fragilidad en la belleza, brotará la vida.

Las estrellas

En el cielo despejado de la noche boreal; el León acecha a Berenice y a la Virgen. Pero el Cangrejo casi lo atrapa con su tenaza. La Osa Mayor los observa recelosa. Perseo y Andrómaca conversan con las Pléyades y el Caballo, el Delfín, el Cisne y el Zorro miran como el Águila escapa de la Flecha, siempre que Hércules se detiene a escuchar la Lira. Es nuestro cielo, Gabriela, donde pasan la noche jugando las estrellas. Pero ahora, será mejor que cierres tus ojos y te dispongas a dormir para que mañana puedas encontrar otra enorme cantidad de estrellas dentro de las gotas de rocío, sobre las hojas de las plantas.

Meteorito

(Estrella fugaz)

Tiene que ser muy rápido. En cuanto aparezca esa cinta de luz cruzando la bóveda celeste, pides un deseo. Son trozos de mundos que, cansados de vagar por el éter, se lanzan hacia la piel de nuestro planeta, con un beso listo para la entrega, como si allá en su misterioso corazón, tuvieran alma.

Arroyo seco

Por allí donde el trillo se hunde en el relieve corría el arroyo. Las ranas cantaban en sus orillas y los peces se lanzaban despavoridos hacia el río. Patos hubo, que salían a nadar con sus polluelos, e iluminaban con intenso amarillo la oscura superficie. Pero se fueron las lluvias, Gabriela, y el arroyo no vendrá hasta la próxima primavera.

Cosquillas

Si te quedas un rato en silencio podrás escuchar una risa lejana. Como en un juego, el mar se retuerce por las cosquillas que le producen los barcos, al arrastrarse de uno a otro continente, sobre su piel. Callada por unos segundos, podrás escuchar el retozo del mar.

Los patos

Brotan del cielo. En vuelo impetuoso toman tierra y dan algunos saltos cortos para precisar el lugar donde aclimatarse. Vienen del Norte. Escogen pareja y se lanzan hacia acá como lo han hecho sus ancestros desde que su especie comenzó a existir en esta región del planeta. Allá en la lejanía transcurre parte de su vida; pero es aquí, junto a nosotros, donde toman posesión de su pareja, hacen sus nidos con plumas que arrancan de su pecho y tienen a sus hijos. La abuela, tu misma cara, pasó muchos ratos junto a la ventana para mirar en la charca de la mata de güira cómo los alimentan, los ayudan a crecer entre la caricia de espulgarlos y las lecciones para que se eleven al espacio. Tiemplan el carácter de sus hijos, para que luego de viajar allá tan lejos, regresen cada año a perpetuar la especie, en un ritual dispuesto por su instinto o sus dioses y al que se entregan con la disciplina de un ejército, mostrando la hermosura de una gema en el pecho de nuestra reina mayor, la naturaleza, vienen a nosotros los patos de La Florida, Gabriela, esos que ahora veo volar en retirada justo hacia el fondo de tus ojos.

La muerte del gorrión

Estaba enfermo cuando llegó al jardín. Su vuelo corto y el pico espulgando esa ala que caerá en cualquier momento denuncian un golpe mortal, la pedrada de un vándalo. En algún lugar crecen solos sus pichones; siguen adelante con su especie y el tesón en el diario bregar por la existencia. Estaba enfermo cuando llegó al jardín. La muerte llega y nos sorprende a cada paso. Es la muerte, Gabriela. Ven, vamos a enterrarlo.

La joya

Te parece que no vuela porque no logras ver sus alas. Es como si una fuerza mágica desafiara a la gravedad, rompiendo el orden de todos los planetas y las estrellas estuviesen, en este momento, rodando en avalancha hacia algún hueco negro. Te parece que no tiene alas, pero las tiene y allá en la enredadera está su casa; un nido tejido por más de mil agujetas de las que están cruzadas en el estambre de la abuela. No es una esmeralda, Gabriela, es un Colibrí, libando una y otra vez en los charcos de almíbar que tienen las flores.

Preciosa

En esos ojos ella guarda la alegría y la tristeza de su raza. Desde hace muchos años han permanecido junto a nuestra especie como muestra de fidelidad y de amor dispuesto al sacrificio. Cuando levanta las orejas o te lame las manos, está haciendo un discurso sobre lo importante que resulta quererse. Tienes que ser buena con ella, Gabriela, no maltrates nunca a tu mascota.

Nuestra raza

Tiempo después que el mundo estuvo hecho, vino Cristóbal Colón y le agregó la otra mitad. Todos los ojos deslumbrados llegaron a las costas del asombro y a la tierra donde los ríos no se dejan apretar las dos orillas con el alcance de una mirada. No fue el oro, la plata o la vegetación. Diamantes y esmeraldas no les atenazaron como para hacerlos desistir de todo su pasado y fundar una y otra vez esto a lo que hoy llaman América. No fueron los cantos de las sirenas que burló Odiseo, ni esos chorros de cristal que abandonan las llanuras para romperse en la canción del abismo en majestuosas cataratas. El gran tesoro de esta región, que un día alguien llamó paraíso, es la raza, Gabriela, nuestra raza.

Los instrumentos

Muchos instrumentos llegaron de Europa, Gabriela, y se quedaron para siempre entre nosotros. En Cuba, la guitarra se fue a la montaña de donde bajó preñada de Son y de boleros. En México las cuerdas se hicieron rancheras y corridos. En Argentina fue gemido el Bandoneón. Mientras que el Arpa, hembra furtiva, se escapó de las manos de los dioses griegos; bajó del Olimpo al rodar por las faldas de los cerros, hasta donde el llanero contiene la furia de los volcanes con una melodía que en esta tierra, puede embriagar como lo hacen nuestros licores, cuando nos llenan de poesía el corazón.

Los cerros

Vamos por la autopista y la brisa mueve el pelo dispuesta a despeinarme, como lo hacían tus dedos, en la caricia de mis mejores momentos de padre. Los cerros se aparecen por todas partes. Unas veces veo en ellos a bravos mancebos que en estas regiones hicieron la guerra a los invasores y a fuerza de coraje le dieron a su tierra ese brillo que se puede apreciar desde que nace el sol hasta que las estrellas, como guiños de enamorados, titilan en las noches. Otras veces son muchachas; cientos de jóvenes dispersas en el paisaje, en una danza cuyas contorciones hacen bajar a las nubes, que las coronan, Gabriela, reinas de todo el que las mire.

Bolas de helados

En las tardes las nubes bajan a lamer los cerros, cual si fuesen bolas de helados de todos los sabores, dando una impresión que excita las papilas. La gente, finalizada la jornada de trabajo colma los autobuses, las calles, las aceras. Los altavoces y el bullicio de estos pueblos laboriosos me viene a recordar que soy americano. Un pueblo nuevo que se levanta para mejorar la senda de los tiempos.

La Calabaza

La Calabaza

es una serpiente florecida.

Se arrastra engullendo luz

en busca de algún tiempo

que perdió al nacer,

para, con su mejor alquimia,

convertirlo en oro para tu boca.

Auyama

(Cucurbita moschata)

Imagina que son las doce de la noche. Detrás quedó el príncipe desconcertado con el zapato de cristal en su mano. La princesa vuelve a ser la humilde muchacha rodeada de ratones y lagartos. Piensa que se esfumó la magia del hada madrina y que el coche vuelve a ser calabaza, pero no como las que tú conoces allá, sino dos, tres o cuatro veces más grande que aquellas enchapadas en oro que nacen en nuestro suelo. Así es la *Auyama*, Gabriela, y la puedes encontrar en todos los mercados como un inmenso vegetal tocado por la magia.

Hay días

Hay días en que despiertas y no tienes ganas de ir a la escuela. Das vueltas en la cama, te haces un nudo con la sábana y no levantas el parpado para que la luz no te dé el beso que yo le mando cada amanecer a tu pupila. Hay días así, Gabriela, en los que uno no quisiera abrir los ojos, ni escuchar siquiera el ajetreo de los pájaros en el Apamate. Días como aquel en el que llegué a la dirección del liceo donde un niño, cerca de tu edad, lloraba suplicando que no lo sacaran de la clase, que su padre no pago la mensualidad, porque está muy enfermo.

Nacionalidades

El señor que vende el pollo es portugués, las verduras las vende un chino; tengo en el aula una joven dominicana, y un alumno peruano que me habló de Vargas Llosa. Por las calles andan las muchachas y los muchachos portando la genética de todas las nacionalidades y es un espectáculo verdaderamente hermoso caminar por un país donde se han juntado todos los ojos del mundo, Gabriela, para mirar lo bello que es vivir.

Yoraco

Yoraco: Significa "Zorro o Diablo", y es el nombre de un aborigen que nació en los valles del Tácata y dedicó su vida a combatir a los conquistadores europeos. Ahora Yoraco es una escuela; se llena de niños como tú durante todo el día, y cuando el dios de los egipcios se escapa entre las hojas del Araguaney, se llena de hombres y mujeres que van a luchar, aprendiendo, por su futuro. Una señora que quiere ser técnica, una joven con su embarazo. Otro, agarrando ávido cada detalle mientras la noche avanza. Desde que Yoraco arrancó a los europeos de esta tierra; es ahora, Gabriela, que les llega a esta gente la justicia.

Platero andino

No me mira con "espejos de azabache", ni con "escarabajos de cristal negro" brotando de su cara. Sus ojos son dos charcas, allá donde los montes juntan sus faldas en un abrazo que hasta las nubes descienden a dejar sus besos y sus arco iris bajo la tibia mirada del sol que nos acaricia. Es un burro en Los Andes, con su mirada en el desfiladero por donde nuestra raza ha pasado, sobre la roca gastada, durante milenios. Es un burro de oro y algodón, Gabriela, y, mientras pongo su cabezota delante de mí cámara no hago más que pensar en aquel tremendo bardo de Moguer.

El conde

Y si logro escapar

con el mapa en las entrañas,

encuentro la caverna

con el tesoro de aquel abad.

Y si todo lo dejó Dumas

al alcance de los sueños.

Y si los derroto, Gabriela,

me hago nombrar Conde

y tu pudieras verme

con todas esas joyas.

El puente

Tu madre y yo nombramos este puente

cuando eras una esperanza

nacida en los parques de Gerona.

El río miraba aquella escena,

y alguna sonrisa

saltó de la fuente a los suspiros.

Algunas tardes distingo en la corriente

el asombro de tus ojos viajando,

silencioso, rumbo al mar.

Agazapados

Gabriela, no debes ser supersticiosa, los monstruos si existen. Ese río de harapos sueña con tener su favor, lamer las uñas cubiertas con la costra tenaz de los cadáveres e irse lejos para verlo mostrar la fuerza de sus fauces. No debes ser supersticiosa, los monstruos conviven con nosotros, velan tus sueños dispuestos a saltar.

Ahí está el camino

Ahí está el camino arrastrándose hasta la orilla donde el Mangle lo detiene y no se hunde, en la pantanosa piel donde comienza la lengua a gastar la rocosa porción donde descansan las casas. Los arrozales inundados de yaguasas, jejenes y mosquitos, mordiendo con saña la frente y los brazos del abuelo, mientras aparece tu padre con el desayuno.

He guardado

He guardado tu infancia

en un dragón de oro,

y la inocencia del mundo

en que te inscribo.

Le digo a mi hijo

Si cayera una estrella una de estas noches, la recojo y la ofrezco a Tata y llenamos de luces y de brillo nuestro hogar. Le digo a mi hijo: no esperes que caigan las estrellas, son como los ojos de Gabriela y los gorriones de Fabricio... no esperes que caigan las estrellas.

En la penumbra

No hay cebollas, aunque palpita

el pulso de Miguel Hernández

muriéndose a distancia

ante la mirada de Dios.

Despierto mientras los trenes

se hunden en la madrugada

y no están tus sábanas calientes.

Abrazas la muñeca, tomas aire

en un largo suspiro,

y te gastas en la penumbra.

Concierto

En la noche la sirena de los barcos se queda más tiempo en el espacio hasta que la última gota se desliza por la oreja. La gente mira al cielo creyendo encontrar algo que no existe. Es la hora en que los árboles llegan a los abrevaderos para hartarse con el último suspiro de una estrella, que murió antes de nacer el mundo. La noche es el concierto de los ojos.

Incendio

El bosque puede ser polvo y hollín en unas pocas horas, la ciudad pasar del apacible pulsar de los minutos a la horrenda realidad de un fin marcado. Puede un incendio destruir millones de historias de gente hermosa. Ojos llenos de crepúsculos. Del palpitar precipitado de las ansias. Todo lo puede el incendio. Pero si estás alerta podrás domesticar su brutal embestida y reducirlo hasta el minúsculo estallido de una chispa. Donde no vale la experiencia, las ganas, la fecunda preparación de la conciencia, Gabriela, es cuando el incendio ocurra justo al centro de tu pecho.

A esa distancia

Sobre el horizonte la foto de tu madre

cuelga sus colores rojizos.

La tarde continua hacia la mar de sombras

mientras pienso, Gabriela,

siempre tendremos a tu madre

a esa distancia.

Luna

Debe ser que hay muchas lunas en el mundo. Que cada pueblo tiene su luna. Italia la luna con Verdi y sus estaciones. El Danubio Azul con una luna en busca de la Selva Negra. El Río Amarillo arrastrando a la luna entre los arrozales. Muchos rostros luminosos repartidos por cada país, cada hombre. Una pompa de plata como tributo a pasar uno y otro día siendo útiles en el planeta.

Tú, allá en el archipiélago puedes contemplar tu propia luna, llena del canto de los grillos y del sabor exquisito de los cañaverales. Yo, desde este enorme continente; en este país que nace al universo, intento encontrar la luna que me pertenece y cuando levanto mis ojos al cielo, no hago otra cosa que mirar tu cara.

Minutos

Aquí tengo la maceta de anoncillos

que corté tantas veces para Teresita

y debió ser tu madre, pero no,

cuando pensábamos que nunca se iría

tras la huella de la fuente eterna

de la juventud, allá en los Paúles.

Los minutos te acercan

sobre un hilo hasta el amanecer.

Corren las muñecas por la casa

que se muere de angustia.

Amargo

Creí haber conocido todos los amargos. De la discreta presencia de la retama a la densa composición del más muerto de los mares. Desde la imagen de millones de ojos mirando hundirse un archipiélago en la adoración a un moderno becerro modelado con los deshechos del sin fin de monstruos que ha creado nuestra nacionalidad. El amargo maloliente de las cárceles sin juicio; y, sin causas. La amargura a cuestas desde Playitas de Cajobabo hasta Dos Ríos. La mayor matanza de versos que ha conocido el hombre. Pero ninguno como este amargo punzante de permanecer sin tu dulzura.

El extranjero que te pone triste

Dice que la lluvia cae sobre los chopos

medio deshojados, y en el hogar

se calientan las brasas en el justo instante

para recordar a tu madre, dispersa en el librero.

¿Será la lluvia?

Cierro las ventanas, y espero que la oscuridad

te lleve a diseñar estrellas.

No cortes

No cortes la cola a los cometas.

No mientas sobre turrones

de azúcar en Saturno.

Espera a los desiertos,

coloca la lluvia en el mantel

y sé feliz, Gabriela;

a pesar de nosotros.

Allá justo

Allá justo al final del universo,

Gabriela, debe existir un brillo

como el intenso fulgor

de los ojos que heredaste.

Nubes

Un oso polar y su bebé sobre el témpano que hiere el tibio azul del cenit. Brumas, escamada escarcha de los cirros jaspeando la corteza de la tarde, en la profundidad de los sentidos. La cabellera de una reina. El trineo arrastrado por perros, alces o caballos avanzando hacia el punto en que se ha propuesto fenecer la tarde. Granizo. Polvo cósmico sirviendo de camino a la estampida de almas que nos abandonan hacia los extremos de la galaxia. El sol tiñe ante tus ojos, con todos los matices de las mariposas, a las nubes. Esas nubes que despiden el día; Gabriela, al modelar tu rostro en mi pupila.

No tienes por qué temer

No tienes por qué temer

al tiempo y al espacio,

no son más que un simple

              par dialéctico

que se complementan

              y contienen.

El tiempo es una autopista

              a tu disposición,

una cadena que se estira

              tras la espera.

El espacio será un beso

              una vez al año,

flores frescas, pasaporte

y alguna foto con perfumes.

Tantos esqueletos

A Nélida Terga, donde estés.

Y desolar frenéticos la tierra.

José María Heredia

Nunca más estuvo en el pupitre mi primer amor. El olor del aula cambió. Se fueron los rizos de su pelo tras un divorcio, una salida ilegal de la isla o las presiones por quien sabe qué posición política o religiosa de sus padres. Su cara sin maquillaje, sus labios de Blancanieves pueblerina, vestida humildemente, esperando los cristales que me duran tantos años en la boca, nunca más estuvieron. Una ráfaga se llevó nuestra inocencia, Gabriela, a donde nos esperan tantas preguntas y tantos esqueletos.

Ni la ráfaga

Ni la ráfaga del aguacero,

ni el papalote tomando altura,

ni esa voz que se pierde en la distancia.

Nada como tu aliento.

Libre

Para Ana Rosa Díaz Naranjo (Albita)

Nadie puede decirte si eres libre. No les creas. Intentan endulzar tu espíritu, para luego extraer la esencia de la sangre hecha conciencia. No eres libre porque te lo reiteren una y otra vez. Aunque su horrible lengua adule la cercana quietud de los zapatos. No eres libre sólo porque no puedas ver los distantes barrotes de tu celda. Están allí, bajo la herrumbre de medio siglo de silencios, en el fantasma de cada fusil que te apunta. Están enfermos de tal odio que ni el poder les calma su egoísmo. No; no eres libre hasta que no ondules los espacios del universo, escapada de ti misma.

El caracol

A Reinhardt

Sobre la cama un libro marcado con una página doblada y dos o tres revistas a medio leer. En las paredes algunas fotografías de la familia y una imagen solitaria que sonríe como quien despide el verano. El afiche de un grupo de rock y dos o tres trovadores en el otro extremo. Al fondo cuelga una guitarra y en el rincón los patines, el guante de béisbol y un bate. A la derecha en el librero los equipos electrónicos. Sobre la mesa de noche el cuaderno de apuntes con algunos números telefónicos y un poema incompleto. Así, supongo, será la casa del caracol que anda por la tierra dejando su huella de soledad, en todos los caminos.

La palabra

Esa palabra que te detiene en tu lección y que la abuela no recuerda haber conocido. Ese vocablo que no puedes preguntarle a tu mamá, pues aún no llega de su trabajo. Esa palabra que, como una princesa fugitiva se esconde en la maleza, junto al camino; y no está en el zurrón de ningún caminante. Está, tapándose la boca con la mano para que no escuches su risa ahogada, escondida en el diccionario. Ven, Gabriela, vamos a buscarla.

La bicicleta

Primero fueron de madera. Otras tenían una rueda pequeña y otra más grande que el aro color de fuego, del poema que tanto te gusta, en la que montaban los abuelos de los abuelos de tu abuelo para pasear y llevarles flores a sus novias. Ahora las podemos encontrar de muchos colores, con luces y timbre para hacerlo sonar con tu dedo y son muy seguras y ligeras. Sigue leyendo tu lección y no te preocupes Gabriela, que muy pronto vas a tener tu bicicleta.

La guerra

No importan las armas que se usen, el destino final siempre será la destrucción de alguien o de algo. Catapultas, espada, arcos y flechas, cañón, bomba atómica, todas tienen al dolor y la tristeza como destino final. Plantas, animales, hombres, niños, todos caminan por la ruta del progreso humano hacia el fin de la existencia de las razas. La muerte llega a todos los lugares y la gente sufre. Es la guerra, Gabriela, ese invento tremendo de los hombres.

Los héroes

Ese, el de la mirada de galán, le escribía a Amalia Simoni desde la manigua *"...mi pensamiento más constante (...) es el de tu amor y el de mis hijos (...) idolatrada esposa mía"*. Aquel torbellino en Dos Ríos le llamó un día *"diamante con alma de beso"*. El de perfil grecolatino dejó a su cuerpo estrellarse, como un planeta, contra la bala de un esbirro, junto al grito de amor de una muchacha. *"Mía cara Tiníssima"*, le decía. El de la tierna mirada era el novio de la patria y a ella se entregó para siempre en las calles de Santiago de Cuba. Así son nuestros héroes, y no viven en los libros.

Eternos

Por sus venas corría la fuerza telúrica de Los Andes. Eran solo dos muchachos entre combate y batalla, Gabriela, dos simples entelequias consumiéndose en la hoguera de su época. La estreches inmensa de la sabana los llevó hasta la frontera selenita del Río de la Plata, a gastarse en el instinto jugoso de las almas, muyendo la filosa roca de la cordillera. Manuelita y Simón, tan eternos como un verso, en el permanente incendio que es América. Amándose.

El primer Bolivariano

El fuego, bajo la bullente caldera del arroz, en una aldea de los anamitas, se detuvo. Todos los glaciares del planeta congelaron su andar, justo en la línea de las nieves. Las aves migratorias postergaron su inminente partida. La Tierra, por un instante, salió de su órbita para desafiar las dentelladas de un hueco negro; mientras todas las estrellas se dieron la mano para juntar sus lágrimas con las del primer bolivariano que en aquella plaza de Caracas, Gabriela, lloró frente a la estatua de Simón Bolívar.

El idioma

Después de los chubascos de primavera, escoges las guayabas que están con su tersa piel cuajada de gotas, puestas allí como un milagro más de la creación, listas para perfumarte la boca y hacerte en la lengua la dulzura de los trópicos. Así debes aprender a escoger las palabras, como si fueras a hacerle un regalo muy importante a alguien, con tu conversación o con lo escrito. Martí, pasaba horas con la pluma en vilo, a la espera de que un ángel le entregara, desde el círculo luminoso del misterio, la palabra precisa. Fue Neruda, el primero que llamó mi atención sobre ese tesoro que nos legó aquella horda de vándalos, que fueron nuestros primeros padres: Nos llevaron el oro y la plata —dijo— pero nos dejaron, Gabriela, las palabras.

Pues por esa edad de oro,

que es como una isla espiritual caída del cielo,

anda el corazón del poeta,

y se encuentra allí tan a su gusto,

que su mejor deseo sería no tener que abandonarla nunca.

Juan Ramón Jiménez

Índice

Una intimidad difícil de clasificar 7

Las perlas 13

Lagunas 14

El sudor 15

El Sol 16

Fiebre 17

Los obreros 18

Imágenes 19

La semilla 20

Arco iris 21

Novel bailarina 22

El príncipe 23

El mundo 24

La flor 25

Las estrellas 26

Meteorito 27

Arroyo seco 28

Cosquillas 29

Los patos 30

La muerte del gorrión 31

La joya 32

Preciosa 33

Nuestra raza 34

Los instrumentos 35

Los cerros 36

Bolas de helados 37

La Calabaza 38

Auyama 39

Hay días 40

Nacionalidades 41

Yoraco 42

Platero andino 43

El conde 44

El puente 45

Agazapados 46

Ahí está el camino 47

He guardado 48

Le digo a mi hijo 49

En la penumbra 50

Concierto 51

Incendio 52

A esa distancia 53

Luna 54

Minutos 55

Amargo 56

El extranjero que te pone triste 57

No cortes 58

Allá justo 59

Nubes 60

No tienes por qué temer 61

Tantos esqueletos 62

Ni la ráfaga 63

Libre 64

El caracol 65

La palabra 66

La bicicleta 67

La guerra 68

Los héroes 69

Eternos 70

El primer Bolivariano 71

El idioma 72

OTROS TITULOS DEL AUTOR 77

OTROS TITULOS DEL AUTOR

- **Las caras del miedo: Novela.**
- **Pa' Cuba ni muerto: Testimonio.**
- **Un triste cepillo de dientes: Cuento.**
- **Bailarina con sombrilla: Cuento.**
- **El Cacique Turquino: Cuento.**
- **Gabriela en el espejo: Cuento.**
- **Memorias de una vieja bota: Cuento.**
- **La Gallina golondrina: Cuento.**
- **Los techos: Cuento.**
- **Golondrina: Cuento.**
- **Miami: Poesía.**
- **Cuando aparecen los elefantes: Poesía.**
- **La estrella de mar medioquemada: Poesía.**
- **Calendario de la espuma: Poesía.**
- **Un país para mi lengua: Poesía.**
- **Amargo país: Poesía.**
- **Solo en medio del mundo: Poesía.**
- **Malas palabras: Poesía.**
- **Donde termina la mirada: Poesía.**
- **Piano afinado: Poesía.**
- **El libro de la guerra: Poesía.**
- **Pequeño formato: Poesía.**
- **Guijarros: Poesía.**
- **Azul desierto: Poesía.**
- **Es la hora de los hornos: Poesía.**
- **Añejo Bacardí: Poesía.**

Norge Sánchez Fonseca (Cuba, 1958). Poeta, narrador, editor y docente universitario. Tiene publicados más de una veintena de libros en varios géneros como: novela, testimonio, cuento para adultos y para el lector infantojuvenil. Escritor, cubano a todo riesgo, ha publicado quince poemarios, entre los que se incluye *La estrella de mar medioquemada*, publicado y distribuido clandestinamente en Cuba, en 1986. Textos suyos aparecen en revistas y periódicos de varios países.